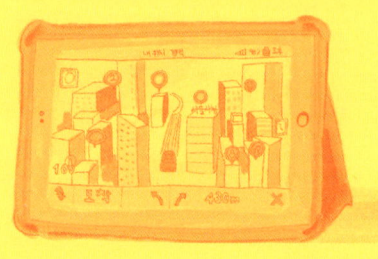

실생활 속 숨어 있는 수학의 재발견 ❷
열차와 배에서 배수와 약수를 찾아라(개정판)

2판 2쇄 발행 2024년 5월 9일

글쓴이	김승태
그린이	이현정
펴낸이	이경민
펴낸곳	㈜동아엠앤비
출판등록	2014년 3월 28일(제25100-2014-000025호)
주소	(03972) 서울특별시 마포구 월드컵북로 22길 21, 2층
전화	(편집) 02-392-6901 (마케팅) 02-392-6900
팩스	02-392-6902
전자우편	damnb0401@naver.com
SNS	

ISBN 979-11-6363-774-5 (74410)
　　　 979-11-6363-772-1(세트)

1. 책 가격은 뒤표지에 있습니다.
2. 잘못된 책은 구입한 곳에서 바꿔 드립니다.

도서출판 뭉치는 ㈜동아엠앤비의 어린이 출판 브랜드로, 아이들의 지식을 단단하게 만들어 주고, 아이들의 창의력과 사고력을 키워 주어 우리 자녀들이 융합형 창의 사고 뭉치로 성장할 수 있도록 좋은 책을 만들겠습니다.

추천의 글

　수학은 생활 속 어디에나 존재합니다. 우리는 일상 속에서 다양한 숫자 표현과 함께 살아가고 있습니다. 생활과 밀접하게 맞닿아 있는 수학이지만 많은 사람은 특별한 기호와 수식 때문에 수학을 어렵다고 느낍니다. 기계적인 문제 풀이 위주로 수학을 암기하듯 공부한 탓도 크지요.

　격변하는 시대와 상관없이 늘 수학을 잘하는 학생들이 있습니다. 그들은 교육과정이 어떻게 바뀌더라도 수학을 잘합니다. 이러한 아이로 키우기 위해서는 어떻게 해야 할까요? 앞서 말한 문제 풀이 위주의 암기식 수학에서 벗어나야 합니다. 개념을 확실히 이해했는지 알기 위해서 우리는 보통 문제를 풉니다. 그러나 많은 학생이 개념보다 문제 풀이를 외웁니다. 당장 한 문제는 더 풀 수 있을지는 몰라도, 이렇게 암기하는 방식은 수학을 재미없게 하고 어렵게 하여 결국은 수학을 포기하게 합니다.

    개념이 자기 것이 되면 어떠한 수학 문제도 어렵지 않고 재미있게 풀 수 있습니다. 개념을 익히는 과정이 실생활과 연관된다면 더욱 쉬워지겠죠?

    〈실생활 속 숨어 있는 수학의 재발견〉 시리즈는 교통, 스포츠, 음식과 패션, 자연, 건축과 같은 실생활 이야기를 주제로 삼아 수학과 융합하여 실질적인 개념을 잡아 주고 수학에서 가장 중요한 사고력을 길러 줍니다. 주인공을 따라 생활 속에 숨어 있는 수학을 찾아내며 여행하다 보면 어느덧 여러 가지 호기심이 생기고, 멋진 것을 자유롭게 상상하게 하여 논리적 사고력과 창의적 문제 해결력이 자라게 될 것입니다.

    〈실생활 속 숨어 있는 수학의 재발견〉 시리즈가 어떠한 수학 교육 패러다임의 변화에도 자녀와 학부모가 즐겁게 소통할 수 있는 가교 역할을 하기를 기대하면서 이 책을 추천합니다.

신현용
한국교원대학교 수학교육과 명예교수
ICME-12(제12차 국제수학교육대회) 조직위원장

작가의 말

많은 학생이 수학은 사회에 나가면 쓰이지도 않는데 왜 배우는지 모르겠다고 말하지만 이는 마치 눈에 보이지 않는다고 공기가 없다는 말과 같아요. 수학은 생활 속에 녹아 있기 때문이지요. 직접적으로 실감하지 못할 뿐, 사회는 수학 없이는 돌아가지 않아요. 이것이 바로 우리가 수학을 배우는 이유이기도 합니다. 수학을 왜 배우는지 모르겠다고 말을 하는 학생들의 심정도 이해는 가요. 수학은 그만큼 공부하기 힘들기 때문이죠. 나라마다 문화가 다르듯이 수학을 이해하는 방식은 일반 언어와 차이가 있어서 무척 힘든 과목이지만, 우리가 생활에서 접하는 교통 환경 속에서도 수학은 그 역할을 톡톡히 하고 있어요. 교통을 이용하지 않는 사람은 없다고 할 수 있죠? 이러한 교통 속에서도 수학은 제 빛을 발해요.

버스를 탈 때 어떤 버스를 타고 결정하고 구별하는 데에도 수가 등장해요. 바로 수의 편리성 때문이지요. '동대문에서 시청으로 가는 버스'를 글로 나타낸다면 상당히 번거로워져요. 역마다 '동대문에서 시청으로 가는 버스'라고 일일이 다 길게 써야 하고 버스 옆면에도 이렇게 긴 글을 써야겠지요? 단지 '9301번 버스'라고 하면 끝날 일을 말이에요. 이렇듯 수학은 우리 삶의 편리성을 주기 위해 탄생한 측면도 있어요.

차선의 개수에도 수학이 숨어 있어요. 원활한 교통을 위해 차량의 대수를 수학적으로 계산해서 차선을 늘리지요. 이

처럼 우리가 관심을 가지고 교통 환경을 들여다보면 수학은 많은 부분에서 우리에게 이로움을 주고 있다는 걸 알 수 있어요.

　세상은 아는 만큼 보인다는 말이 있어요. 여러분도 길을 가다가 사물을 수학적으로 관찰하다 보면 생활 속 수학이 눈에 보일 거예요. 꼭 수학적 머리로 수학을 정복할 수 있는 건 아니에요. 여러분 스스로 수학이 친숙해질 때까지 노력해 보세요. 수학은 머리로 하는 것이 아니라 끈기로 하는 것이기 때문이죠. 여러분이 끈기를 가지고 생활 속에서 수학을 찾다 보면 어느새 수학이 여러분 곁으로 가까이 다가와 있을 거예요. 이 책은 그렇게 노력하는 여러분에게 하나의 방법을 제시하고 있답니다. 이 책 속에서 수학을 찾는 방법을 익히길 바라요.

　끝으로 수학을 잘하는 방법을 일러 줄게요. 초등학교 수학은 보기보다 일상생활에 많이 녹아 있어요. 기초 수학은 실생활에서 발생했기 때문이죠. 친구들과 수학 이야기를 많이 나눠 보세요. 수학이 금방 친근해질 거예요. 또 유사한 사례를 보고 스스로 직접 문제를 만들어 보는 것도 훌륭한 학습법이 된답니다. 수학에 대한 많은 사고력은 초등학생 때 길러져요. 학년이 높아질수록 이런 기회는 점점 줄어드니까 지금부터 수학 생각을 하는 습관을 들이세요. 이 책이 그 징검다리 역할을 하게 된다면 더 바랄 것이 없을 것 같네요.

실생활과 수학을 연결하는 마법 같은 책

2015 개정 교육과정부터 창의융합형 인재를 양성하기 위해 핵심역량이 소개되고 반영되었습니다. 2015 수학과 교육과정에서 강조하고 있는 '창의·융합'은 타 교과나 실생활의 지식을 수학과 연결하여 새로운 문제를 해결하는 능력으로서 특히 수학 과목의 경우에는 여섯 가지 수학 교과 역량(문제 해결, 추론, 창의·융합, 의사소통, 정보 처리, 태도 및 실천)으로 제시되어 있습니다. 그중 '태도 및 실천'은 '수학의 가치를 인식하고 자주적 수학 학습 태도와 민주 시민 의식을 갖추어 실천하는 능력'입니다.

그런데 2022 개정 교육과정에서는 6개였던 교과 역량이 5개로 통합되었습니다. 태도 및 실천, 창의/융합 역량이 '연결' 역량으로 통합된 것입니다. 즉 문제 해결, 추론, 의사소통, 정보처리, 연결 능력입니다.

영역이나 학년군 내용 간에 관련된 수학의 개념, 원리, 법칙 등을 유기적으로 연계하여 새로운 지식을 생성하면서 창의성을 기르게 하고, 수학과 실생활, 사회 및 자연 현상, 타 교과의 내용을 연계하는 과제를 활용하여 수학의 유용성을 인식하도록 태도 및 실천과 창의 융합이 '연결'로 통합된 듯합니다.

〈실생활 속 숨어 있는 수학의 재발견〉 시리즈는 바로 이런 능력을 집중적으로 키워 줍니다. 우리는 수 없이는 살 수 없는 세상에서 실생활과 수학이 얼마나 깊은 관계를 맺고 있는지를 느끼는 것이 중요합니다. 특히 지루하고 고리타

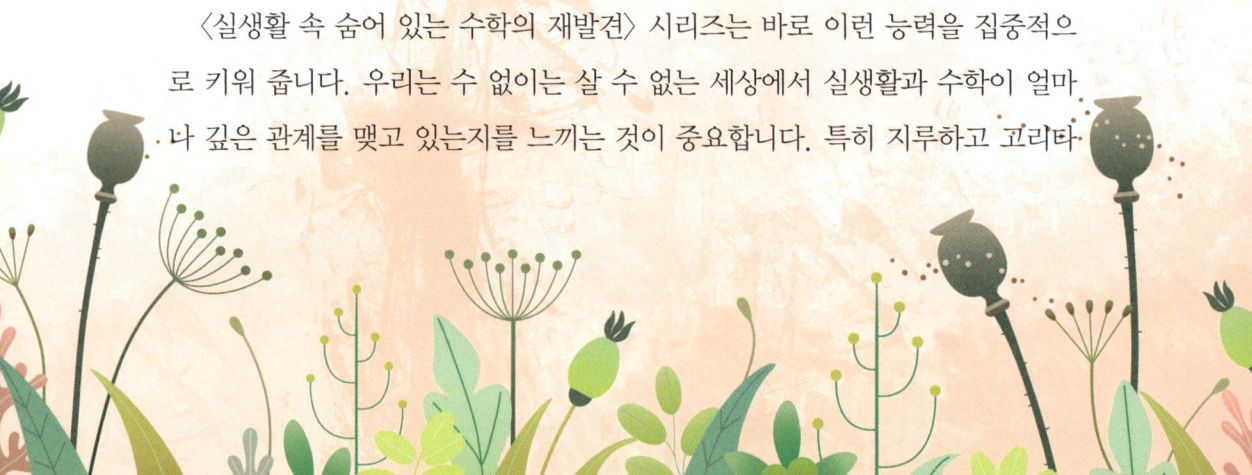

분한 주제에서 벗어나 생활 속에서 실질적으로 유용하게 받아들일 수 있는 정보를 수학과 융합했다는 것이 이 시리즈의 가장 큰 장점입니다.

이 시리즈에서는 여러분 또래가 주인공인 흥미진진한 이야기가 펼쳐집니다. 주인공을 따라 여러 에피소드를 겪는 과정에서 자칫 지루하거나 어렵게 느껴졌던 수학이 술술 읽히는 것을 발견하게 될 것입니다.

표지판을 통하여 수의 범위를 알아보고 부산 광안대교로부터 평행을 공부하는 '교통', 롯데월드타워와 큐브 하우스 등 독특한 건축물에서 수학을 이끌어 내는 '건축', 토너먼트와 리그전의 원리를 수학으로 풀어내는 '스포츠', 어른 옷과 아이 옷의 치수가 다른 이유를 수학적으로 알아보는 '음식과 패션', 날짜 변경선으로 시간의 덧셈과 뺄셈을 공부하는 '자연' 등 수학과 융합된 생활 속 이야기들이 정말 신선하고 다채롭지 않나요?

실생활 속 수학이 다양한 방법으로 융합될 수 있다는 것을 깨닫는 과정을 통해 수학적 문제 해결력이 늘어나게 되겠죠. 여러분도 이 시리즈를 통해 생활 곳곳에 숨어 있는 수학적 문제를 발견하는 습관을 갖고, 이를 해결하는 과정 속에서 2022 개정 교과과정에서 필요한 수학적 역량을 키울 수 있을 것입니다.

편집부

등장인물 소개

정수

수학에 관심은 많지만 수학을 잘하지는 못하는 초등학교 3학년 남학생이에요. 아빠와는 허물없는 사이랍니다.

아빠

수학 문제집을 만드는 작가예요. 여러 유머로 정수를 재미있게 해 주고 싶지만, 그리 쉽지는 않은 아빠예요.

정수와 아빠의 수학 여행길

❶ 서울에서 여행 계획을 짜고, 도로 속에 숨은 수학도 발견해요.
❷ 서울에서 자동차를 타고 부산으로 가요.
❸ 부산에서 기차를 타고 서울로 올라와서 엄마의 생일잔치를 해요.
❹ 서울에서 비행기를 타고 제주도로 가요.
❺ 제주도에서 배를 타고 인천으로 와요.
❻ 인천에서 버스를 타고 서울로 돌아와요.
　엄마가 마중 나와 있을 거예요.

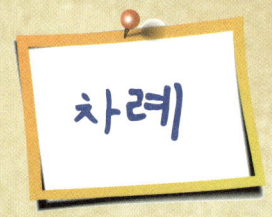

차례

추천의 글 · 4
작가의 말 · 6
실생활과 수학을 연결하는 마법 같은 책 · 8
등장인물 소개 · 10

1 이야기 하나 도로에 있는 점, 선, 면 · 14
　📖 원 / 사각형 / 수의 범위와 어림하기

2 이야기 둘 차와 함께 배우는 수학 · 32
　📖 사각형 / 직육면체

 **이야기 셋** 열차에서 발견하는 수학 · **48**
　　📖 사각형 / 약수와 배수

 **이야기 넷** 비행기의 길에 숨어 있는 수학 · **62**
　　📖 평면도형 / 원기둥, 원뿔, 구

 **이야기 다섯** 배를 타고 원과 약수를 배우자 · **80**
　　📖 원 / 약수와 배수

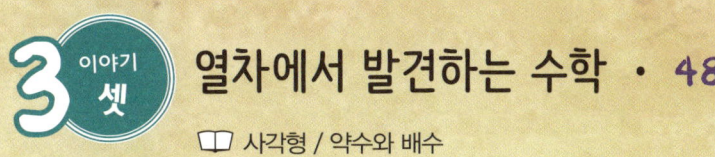 **이야기 여섯** 미래의 교통과 수학 · **96**
　　📖 공간과 입체

1 이야기 하나

도로에 있는 점, 선, 면

📖 원 / 사각형 / 수의 범위와 어림하기

아빠와 떠나는 '수학 여행'

"정수야, 어서 일어나! 방학 첫날부터 늘어지게 자면 안 돼. 입 벌리고 자서 얼굴 늘어진 것 좀 봐."

"아빠, 오 분만 더요. 딱 오 분만요."

"정수야, 오 분만, 오 분만 해서 지금 세 시간하고 오 분이 더 지났어. 그럼 아빠 혼자 여행 간다!"

"그건 안 돼요!"

정수는 방학 한 달 동안 아빠와 '수학 여행'을 떠나기로 했어요. 여기서 말하는 수학 여행은 학교에서 단체로 가는 그런 수학여행이 아니라 진짜 수학 공부를 하는 여행이에요. 정수는 이번 방학에 아빠와 함께 국내 여행을 다니며 수학에 대해 공부하기로 일찌감치 마음먹고 있었어요. 물론 열심히 공부한 만큼 아빠가 맛있는 것도 많이 사 주신다고 했지요.

교통 속에 감춰진 수학을 찾는 여행! 이것이 정수와 아빠가 정한 이번 여행의 주제예요.

"정수야, 이제 떠날 건데 표정이 왜 그래?"

아빠는 정수가 여행 가기 전 설렘으로 가득할 것이라고 생각했는데, 정수는 뭔가 떨떠름한 표정이었지요. 수학 여행을 가기로 하긴 했지만, 정수는 막상 교통 속에서 수학을 찾는다는 것이 막막하게 느껴졌거든요.

"아빠, 제가 생각을 많이 해 봤는데… 수학책에 널린 것이 수학이지만 일상생활, 더군다나 교통 속에서 수학을 찾을 수 있을까요?"

"하하, 그래서 우리 정수 얼굴의 날씨가 흐림이었구나!"

아빠는 요즘에는 잘 안 쓰는 커다란 지도 한 장을 꺼내 펼쳤어요. 오래돼서 그런지 온갖 먼지가 났는데, 하도 풀풀거려서 정수는 콜록콜록했어요.

"자, 어디를 가 볼까? 벌써 두근거리지 않니?"

"네, 어디로 갈 건지 궁금해요. 각 지역에 맛있는 음식들이 있잖아요!"

"참, 여행 일정 중간에 엄마 생일이 끼여 있지! 일단 부산에서 회를 사 가지고 서울로 돌아와서 엄마 생일 선물로 드리면 어떨까?"

"좋아요. 엄마가 생선회 아주 좋아하시잖아요. 엄마 모르게 깜짝 파티를 열어요!"

"녀석도 참……. 그래, 그럼 엄마 생일 잔치한 다음에 우리는 여행을 계속하도록 하자."

아빠와 정수는 상의 끝에 다음과 같이 여행 계획을 짰어요.

아빠는 부산에서 기차를 타고 다시 서울로 올라오기 위해 아빠 친구가 운영하는 렌터카 업체에서 차를 빌리기로 했어요.

표지판 속 수의 범위

　여행 계획을 짠 다음 정수는 아빠와 함께 교통 속 수학을 찾으러 도로로 나섰어요. 수학의 흔적을 발견하면 안전하게 차를 세워 관찰하기로 했고요. 드디어 첫 번째 목표물을 발견했어요!

"정수야, 저 표지판에서 뭔가 수학이 느껴지지 않니?"

"동그라미, 아니 원이요!"

"그래, 맞아. 동그란 모양, 원이기도 해."

사실 아빠가 정수에게 물으려는 표지판의 의미는 다른 것이었어요.

"정수야, 원 말고 표지판이 의미하는 또 다른 것도 찾아봐."

"아, 알 것 같아요! 차 50대만 들어오라는 뜻이죠?"

"틀렸어. 왜 50대만 들어오니? 차가 더 들어오면 도로가 꺼질 것 같아서?"

"아, 아니다. 아빠, '50일 동안만 이 차도를 이용하시오.'라는 뜻의 표지판이 아닐까요?"

"아이구, 우리 정수의 엉뚱함은 아무도 못 말려!"

아빠는 내쉬던 한숨을 멈추고 말했어요.

"이 표지판은 자동차가 시속 50km의 속도 이하로 달리라는 뜻이야. 여기서 '이하'가 바로 표지판에 숨겨진 수학이란다."

시속

시속은 1시간 동안 달린 거리를 나타내는 속도 단위예요. 시속 50km는 1시간 동안 50km를 달리는 빠르기를 뜻하지요.

"정수야, 이 네 가지 표현을 구별할 수 있겠니?"

"이상과 이하라는 말은 들어 본 것 같은데, 초과랑 미만이라는 말은 거의 못 들어 봤어요."

"그래, 이상은 '15세 이상 관람가'란 말에서도 들어 봤지? 이건 만 15세를 포함해서 그보다 나이가 많은 사람만 볼 수 있는 영화란 뜻이야."

아빠가 15라는 수를 가리키며 다시 말했어요.

"15 이상과 15 이하는 15라는 수도 포함하고, 15 초과와 15 미만은 15는 포함하지 않는다는 뜻이야. 즉, 15 초과는 15보다 큰 수, 15 미만은 15보다 작은 수를 말하지."

정수는 아빠 덕분에 빨간 동그라미 속에 숫자 50이 적힌 표지판의 의미를 알게 됐어요. 이 표지판이 보이면 모든 차량은 시속 50km를 포함해서 그보다 아래의 속도로 유지해서 달려야 해요.

한 걸음 더

두 표지판은 비슷하게 생겼지만 뜻은 완전히 달라요. 오른쪽 표지판을 보면 속도를 시속 50km까지만 내야 한다는 건 알고 있죠? 반면, 왼쪽 표지판은 시속 50km 이상으로 주행해야 한다는 뜻이에요. 일반 도로가 아닌 자동차 전용 도로에서는 지나치게 느리게 달리는 것이 더 위험할 수 있어요. 따라서 이렇게 최저 속도를 제한하는 표지판도 있답니다.

도로 속 점, 선, 면을 찾아라

첫 번째 수학 탐험이 끝나고 아빠는 다음 목적지를 향해 시동을 걸었어요. 첫 번째 여행지는 바로 부산이에요.

"아빠, 아빠! 저기에 차 세워 주세요. 이상한 점을 찾았어요!"

아빠는 정수의 말에 차를 안전한 곳에 세우고 정수가 이상하다는 곳을 살펴봤어요.

"아빠, 이상하지 않아요?"

"뭐가? 자세히 말해 봐."

"바닥에 선들 말이에요."

"아, 저 차선은 차들이 각자 자신의 길을 넘지 말고 달리라는 뜻으로 그려진 거야."

"에이, 그 정도는 저도 알아요. 그게 아니라 어떤 선은 점선이고, 어떤 선은 실선이잖아요."

"아, 우리 정수 예리하네. 아빠가 설명해 줄게. 점선은 상황에 따라 차선 변경을 할 수 있는 반면, 실선은 옆 차선으로 옮기면 절대 안 된다는 뜻이야. 도로에서도 이렇게 수학처럼 선을 구분해서 쓰고 있단다."

"아, 그렇군요. 선들의 쓰임새가 다 다르네요!"

"도형은 점, 선, 면으로 이루어져 있어. 특히 수학에서 선의 역할은 대단하지. 이번 기회에 점, 선, 면에 대해 모두 공부해 보자."

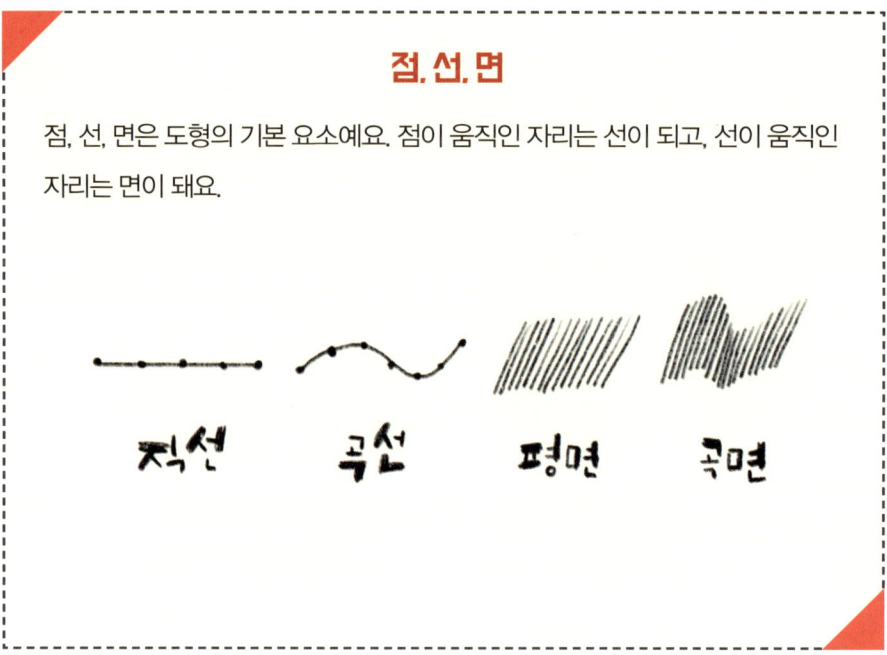

점, 선, 면

점, 선, 면은 도형의 기본 요소예요. 점이 움직인 자리는 선이 되고, 선이 움직인 자리는 면이 돼요.

직선 곡선 평면 곡면

"아빠, 그러면 차가 다니는 도로도 도형의 면이라고 생각해도 되겠죠?"

"그래, 우리 정수 대단해! 도로 역시 면이라고 볼 수 있지. 그래서 말인데, 아빠가 문제 하나 내 볼게."

"어려운 문제는 내지 마세요."

"걱정 마. 면에 대한 문제야. 라면의 '면'이 아니라 도형의 '면'에 관한 문제지. 맞히면 라면 먹으러 가자!"

위 직육면체에서 표시한 면과 평행한 면을 찾아 빗금을 그어 보고, 이런 모습을 교통 속에서 찾아보렴.

평행

서로 만나지 않는 두 직선이나 평면을 서로 평행하다고 말해요.

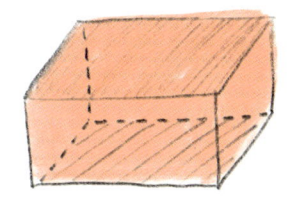

정수는 어렵지 않게 빗금을 그었어요.

"아빠, 평행한 면 찾는 것은 쉽지만 교통 속에 이런 장면은 아무리 생각해 봐도 모르겠어요."

정수가 곤란한 표정을 지었어요.

"힌트 줄게. 작년에 아빠랑 부산 광안대교 가 봤지? 힌트 끝!"

정수는 휴대폰으로 광안대교 장면을 찾아봤어요.

광안대교

"아, 광안대교는 2층으로 된 다리였죠? 광안대교에서 위층 도로와 아래층 도로가 서로 평행해요!"

"역시 우리 아들이야."

정수는 아빠와 함께 맛있는 라면을 먹으러 갔어요.

1. 빈 곳에 알맞은 말을 각각 써넣어 보세요.

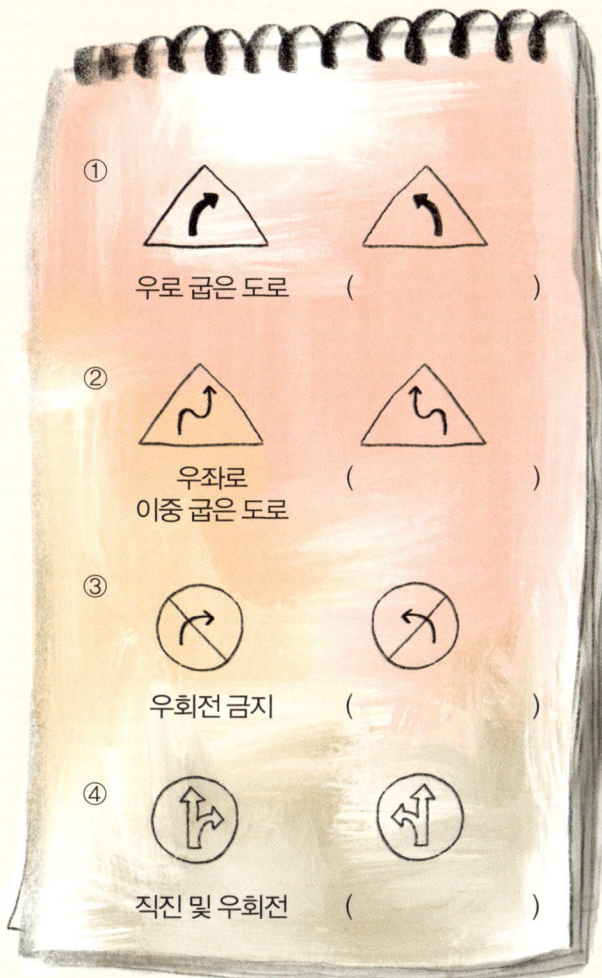

정답 : 1. ① 좌로 굽은 도로 ② 좌우로 이중 굽은 도로
③ 좌회전 금지 ④ 직진 및 좌회전

수학 읽기

신호등과 내비게이션의 원리

횡단보도에 있는 신호등의 색깔은 초록색과 빨간색이지요? 신호등은 두 색깔이 번갈아 가면서 켜지는데, 이렇게 신호등이 바뀌는 시간 속에도 수학의 원리가 숨어 있답니다. 초록색 신호등이 켜져 있는 시간은 다음과 같이 구할 수 있어요.

(초록색 신호등이 켜져 있는 시간) = (횡단보도의 길이) ÷ (걷는 속도)

어린이와 노인이 10m를 걷는 데 걸리는 시간은 보통 12.5초인데, 따라서 노약자의 평균 보행 속도는 초속 0.8m예요. 마찬가지로 보통 성인은 10m 걷는 데 10초가 걸려서 평균 보행 속도는 초속 1m지요. 그래서 실제로 보행 속도를 일반 구역은 초속 1m, 어린이 보호 구역은 초속 0.8m로 적용하여 신호등이 켜져 있는 시간을 조절해요.

이제 지름길을 알려 주는 내비게이션의 작동 원리에 숨겨진 수학에 대해 알아보도록 해요. 내비게이션이 어떻게 가장 빠른 길을 안내할까요? 다음 예를 보면 그 작동 원리를 이해하기 쉬워요.

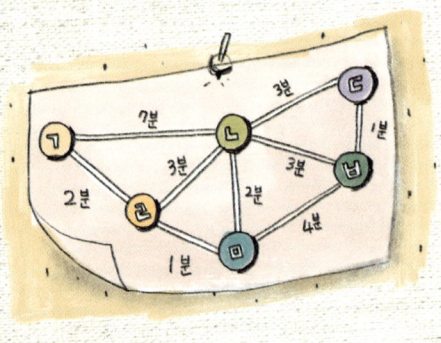

ㄱ에서 ㄷ까지 가려고 할 때, 서로 다른 두 지역을 오가는 데 걸리는 시간이 그림과 같다고 생각해 봅시다. 어떤 길을 선택해야 ㄱ에서 ㄷ까지 가장 빨리 갈 수 있을까요?

일단 ㄱ에서 ㄴ 또는 ㄹ로 갈 수 있는데, ㄴ까지는 7분이고 ㄹ까지는 2분이므로 ㄹ을 선택하는 것이 좋겠지요. 이런 식으로 다음과 같이 여러 선택의 과정을 거치게 돼요.

〈1단계〉

ㄱ-ㄴ　　　　7분

ㄱ-ㄹ-ㄴ　　　5분

ㄱ-ㄹ-ㅁ　　　3분

〈2단계〉

ㄱ-ㄹ-ㅁ-ㄴ　　5분

ㄱ-ㄹ-ㅁ-ㅂ　　7분

〈3단계〉

ㄱ-ㄹ-ㄴ-ㄷ　　　8분　　……ⓐ

ㄱ-ㄹ-ㅁ-ㅂ-ㄷ　8분　　……ⓑ

두 코스 모두 걸리는 시간은 8분으로 같지만, ⓐ가 ⓑ보다 지역을 하나 더 적게 지나는 코스이므로 내비게이션은 ⓐ 코스로 길을 안내하게 돼요.

사다리는 왜 사다리꼴 모양일까?

부산으로 가는 도중 정수와 아빠는 길가에 있는 찻집에 들렀어요. 차 한잔과 함께 긴 여행길을 위한 휴식을 즐기고 있는 것이지요.

"정수야, 이번에 공부할 수학 주제는 바로 차야."

"네? 차로 여기까지 오면서 우리 수학에 대해 이미 알아봤잖아요!"

"맞아. 그런데 아까는 도로 속에 있는 수학을 공부한 것이고, 지금부터는 부산까지 우리가 타고 갈 차에 대해서 공부하자는 거야. 차를 알기 위해서 이 차를 마시는 것도 있지. 하하!"

갑자기 아빠가 웃는 바람에 입에서 뭔가 나와 아빠가 들고 있던 차는 도저히 마실 수 없는 상태가 됐어요. 마음 좋은 찻집 주인아저씨가 차를 새로 갖다주셨지요. 머쓱해진 아빠가 다시 말했어요.

"정수야, 마시는 이 차가 아니라 저기 도로를 달리고 있는 차에 대해 공부하자. 수학 향신료를 넣어서 말이야. 자, 이제 차 다 마셨으니까 우리가 공부할 차를 향해 출발!"

아빠와 정수는 찻집 근처 길을 걷다가 차로 돌아오기로 했어요. 걸어 다니면서 차 속에 있는 수학을 발견하기로 했거든요. 아빠가 지나가던 차를 가리키며 말했어요.

"앗, 정수야. 저길 봐! 수학 도구가 지나가고 있어. 공부할 게 정말 많구나."

"수학 도구라고요?"

"그래, 저 차들은 모두 달리는 수학 도구인 셈이야. 저 트럭 잘 봐봐!"

아빠의 말에 머리를 갸우뚱하는 정수였어요.

"정수야, 신기하지?"

"어떤 게 신기하다는 거예요? 아빠, 답답해요! 좀 알아듣게 설명해 주세요."

"좋아, 긴말할 것 없이 수학책을 보여 주마. 저 배달 트럭이 어떤 수학을 나타내는 차인지 똑똑히 보렴."

아빠는 가방에서 수학책을 꺼내서 펼쳤어요.

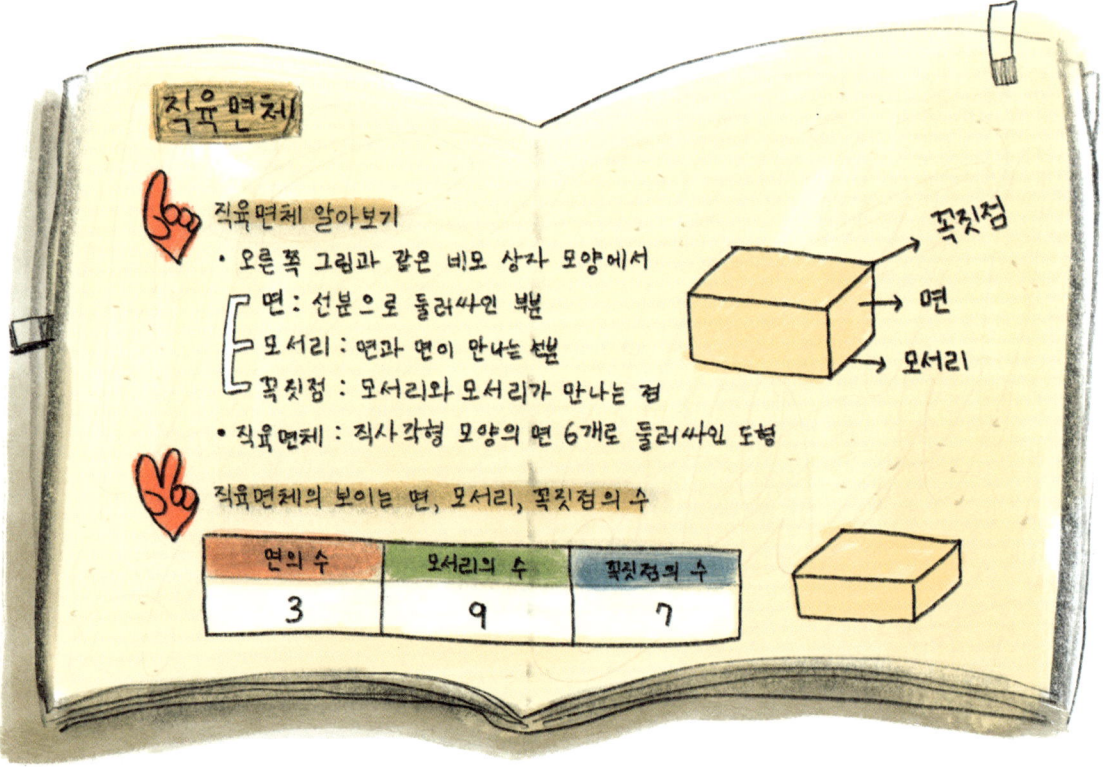

"와, 아빠 말이 맞아요! 저 트럭은 직육면체를 싣고 다니는 차네요. 신기해요!"

"역시 우리 아들이구나. 저 차는 면, 모서리, 꼭짓점을 다 가지고 있는 수학 차라고도 할 수 있지."

수업을 열성적으로 마친 아빠는 정수에게 콜라 한 캔을 사 주며 원기둥 같은 빨대까지 꽂아 줬어요.

"아빠, 콜라 정말 맛있어요. 아빠도 하나 사 드세요."

"아냐, 돈을 아껴야 해. 여행할 때에는 항상 돈을 비축해야 하거든. 그래서 말인데, 콜라 한 모금만 주렴."

"아빠, 미안해요. 다 먹었어요."

그때, 소방차가 사이렌을 울리며 급히 지나갔어요. 아빠가 소방차를 가리키며 말했어요.

"수학 차가 또 지나가네!"

"네? 소방차가 어떻게 수학 차예요? 아빠, 아까 콜라 안 드렸다고 삐치신 거죠?"

연기가 나고 있는 건물 앞에 선 소방차가 건물 맨 위층 창문을 향해 사다리를 펼쳤어요. 구조를 기다리고 있는 사람을 구하기 위해서였지요.

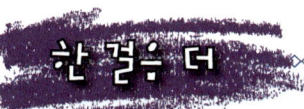

소방차에게 길 양보하는 방법

화재 통계에 따르면 2018년 한 해 현장까지 5분 이내에 도착한 소방차는 평균 55.6%에 불과했어요. 불이 나고 5분이 지나면 불붙는 속도가 급격히 빨라지므로 피해가 더 커질 뿐만 아니라 갇힌 사람의 생명도 위험해져요. 따라서 구급차를 포함한 소방 자동차가 먼저 지나가도록 하는 것은 양보가 아닌 의무지요.

그렇다면 소방차의 사이렌 소리가 들릴 때, 운전자는 어떻게 양보하면 될까요?

편도 1차로	편도 2차로	편도 3차로
오른쪽 가장자리로 차를 붙여 세워요.	1차로를 비우고 2차로로 차를 붙여요.	소방차가 2차로로 지나가도록 일반 차량은 1, 3차로로 비켜 줘요.

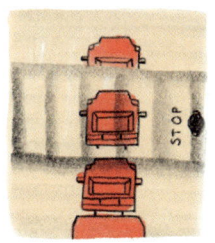

길을 건널 때 소방차가 보이면 횡단보도에서 멈춰야 하는 건 당연하겠죠?

"와, 소방차가 사다리를 펼쳐요! 아빠, 불이 나서 사람이 갇혔나 봐요."

"다행히 소방관 아저씨가 안전하게 구조하시는구나. 정수야, 이 참에 사다리를 자세히 살펴보렴."

"아빠, 사다리가 아주 길어요!"

"맞아, 소방차 사다리의 길이는 52m나 된대. 그런데 사다리가 길다는 점 말고 사다리 한 칸 한 칸마다 있는 도형을 맞혀 봐. 힌트는 '사다리'라는 말 속에 있어."

"반칙이에요! 저는 아직 3학년이라고요. 사각형은 4학년 때 배워요."

"아이쿠, 미안. 아빠가 말한 도형은 사다리꼴이란 거야. 사과의 뜻으로 사다리꼴에 대해 설명해 줄게. 저번에 평행에 대해 공부했으니 사다리꼴도 별로 어렵지 않을 거야."

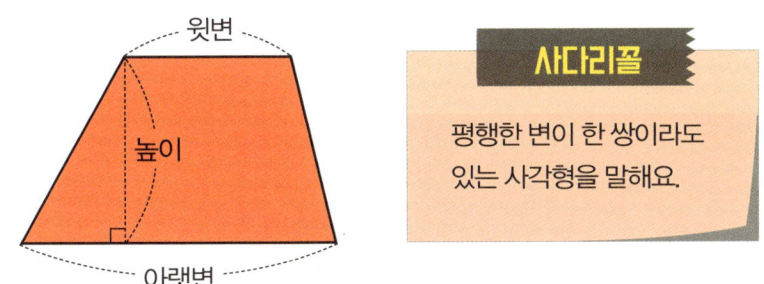

"별로 좋은 사과는 아니지만 착한 정수가 받아 줄게요, 헤헤."

정수는 사다리꼴이 어떤 사각형인지 대강 알게 됐어요.

"정수야, 사다리가 왜 사다리꼴 모양이어야 하는지 아니?"

"그야, 사다리니까요."

"허허, 그런 대답은 수학적이지 않아. 반대로 생각해 보자. 만약 사다리가 사다리꼴 모양이 아니면 어떤 일이 일어날까? 이렇게 일어난 일을 반대로 생각해 보는 것도 수학적으로 사고하는 방법 중 하나란다."

"음…, 잘 모르겠어요. 그림으로 보여 주세요."

"사다리의 윗변과 아랫변이 평행하지 않다면 이렇게 되겠지?"

　아빠는 발을 딛는 부분이 삐뚤빼뚤한 사다리를 그려서 정수에게 보여 줬어요.

　"아빠, 위험해요! 사다리 칸들은 반드시 윗변과 아랫변이 평행해야 해요."

　"그래, 이게 바로 사다리가 사다리꼴 모양이어야 하는 이유란다."

　정수는 아빠의 사다리 설명을 듣고 나니 사다리꼴이 어떤 사각형인지 잘 이해가 갔어요.

자동차 번호판에 담긴 수의 비밀

정수와 아빠는 또 콜라 한 잔을 마셨어요. 탄산음료를 많이 마시면 몸에 해롭지만 너무 더워서 아빠도 오늘만 딱 한 잔 더 마시자고 했어요.

"정수야, 너 혹시 자동차 번호판에 담긴 수의 비밀을 아니?"

"자동차 번호판에 수의 비밀이 있다고요? 컥컥."

수의 비밀이라는 말에 정수는 그만 사레가 들었어요.

"하하, 걱정 마. 아빠 이제 콜라 안 빼앗아 먹을게. 번호판에서 앞의 두 자리 수는 자동차의 종류를 나타내."

"자동차의 종류요?"

"그래, 01에서 69까지는 승용차에 붙고 70에서 79까지는 승합차, 80에서 97까지는 화물차, 98과 99는 특수차에 붙어.

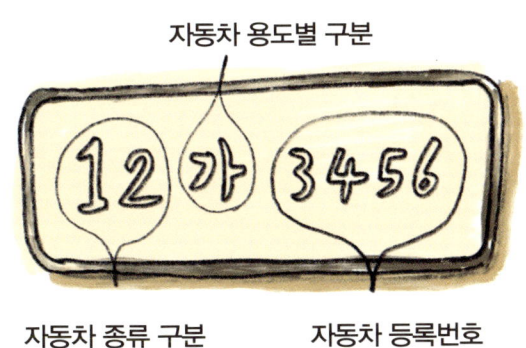

아, 그런데 자동차가 많아져서 2019년 9월부터 새 자동차 번호판에는 이 두 자리 수가 세 자리 수로 바뀐다고 하는구나."

"그럼 가운데에 들어가는 '가, 나, 다, 라' 같은 글자는요?"

"우리 정수 눈썰미가 좋구나. 가운데 한 자리 글자는 차량의 용도를 나타내지."

아빠는 자동차 번호판의 가운데 글자에 대해 설명했어요.

자가용	가, 나, 다, 라, 마, 거, 너, 더, 러, 버, 서, 어, 저, 고, 노, 도, 로, 모, 보, 소, 오, 조, 구, 누, 두, 루, 무, 부, 수, 우, 주
운수 사업용	일반용: 바, 사, 아, 자 / 택배용 : 배
렌터카	하, 허, 호
외교용	외교관용: 외교 / 영사용: 영사 / 준외교관용: 준외 / 준영사용: 준영 / 국제기구용: 국기 / 기타외교용: 협정, 대표
군용	육군: 육 / 해군 및 해병대: 해 / 공군: 공 / 국방부: 국 / 합동참모본부: 합

"신기해요! 그럼 맨 뒤 네 자리 수는요?"

"그건 각 자동차의 고유 번호야. 사실 정수 너에게도 주민 등록 번호가 있어. 나중에 정수 네가 만 17세가 되면 주민 등록증을 받게 될 거야."

이렇게 자동차 번호판에 숨어 있는 수의 비밀도 모두 알아낸 다음 아빠와 정수는 부산으로 가기 위해 다시 차로 돌아갔어요.

1. 다음 빈 곳에 알맞은 말을 써넣어 보세요.

    사다리꼴은 반드시 윗변과 아랫변이 (   )해야 한다.

2. 다음 번호판과 관계있는 차를 알맞게 짝지어 보세요.

    ① 70 가 1234 •   • ⓐ 승합차

    ② 98 다 1234 •   • ⓑ 화물차

    ③ 80 나 1234 •   • ⓒ 특수차

정답 : 1.평행 2.①-ⓐ, ②-ⓒ, ③-ⓑ

수학 읽기

바코드와 수학

영화 『백 투 더 퓨처』를 보면 멋진 자동차 '드로리언'을 타고 미래로 가는 장면이 나와요. 이 차에는 바코드가 찍힌 번호판이 달려 있어요. 아무래도 영화감독은 일상생활 속 상품처럼 다양한 차량 정보가 담겨 있는 바코드 형태의 번호판이 쓰일 것이라고 예상했나 봐요. 이러한 바코드에도 수학의 비밀이 담겨 있답니다. 이제 바코드의 비밀에 대해 알아봅시다.

바코드란 컴퓨터가 인식하는 영숫자(로마 글자 a-z, A-Z와 숫자 0-9를 나타내는 용어)를 기계가 읽을 수 있는 형태로 표현하기 위해 굵기가 다른 수직 막대들의 조합으로 나타낸 거예요. 바코드는 포장지에 인쇄되어 상품의 가격을 표시하거나 책의 표지에서 도서 정보를 나타내는 등 물품을 구분하기 위한 다양한 용도로 사용돼요.

세상에서 생산되는 거의 모든 제품에는 바코드가 찍혀 있어요. 마트에서 계산할 때, 레이저가 나오는 스캐너로 제품에 바코드를 찍는 것을 본 적 있죠? 이렇게 바코드를 찍으면 제품의 모든 정보가 계산

대에 기록돼요. 물론 영수증에 우리가 산 제품들이 쭉 나타나기도 하지요. 하지만 바코드를 자세히 살펴보면 신기한 점이 많아요.

13개의 숫자로 구성된 바코드에는 국가, 제조 업체, 상품명 등과 같은 정보가 담겨 있답니다. 이 바코드 맨 마지막 숫자에는 '체크 디지트'라는 판독 오류를 잡아 내는 기능이 있는데, 바로 여기에 수학이 담겨 있어요. 그 비밀은 다음과 같아요.

체크 디지트는

(왼쪽부터 홀수 번째에 있는 숫자의 합)
+3×(왼쪽부터 짝수 번째에 있는 숫자의 합)

이 10의 배수가 되도록 그 값이 정해져 있어요.

13자리 숫자가 4908349112056인 바코드가 잘 판독되는 바코드인지 체크 디지트로 확인해 볼까요?

바코드 13자리 숫자
4908349112056

체크 디지트를 포함한 홀수 번째에 있는 숫자의 합은

$$4 + 0 + 3 + 9 + 1 + 0 + 6 = 23$$

이고, 짝수 번째에 있는 숫자의 합은

$$9 + 8 + 4 + 1 + 2 + 5 = 29$$

예요. 이때 $23 + 3 \times 29 = 110$이고, 110은 10으로 나누어떨어지는 10의 배수이므로 이 바코드는 오류 없이 잘 판독된다는 걸 알 수 있지요.

열차가 다니는 선로에도 평행이 있어

    정수와 아빠는 부산에서 회를 실컷 사 먹고 숙소에서 하룻밤을 묵었어요. 다음 날 아침, 마침 오늘이 엄마 생신이라 아빠는 자갈치 시장에서 싱싱한 회를 장만하여 일정대로 다시 서울로 향했어요. 이번에는 기차를 타고 서울로 갈 거예요. 기차는 막히지 않는 교통수단이라 회를 싱싱하게 가져갈 수 있으니까요.

    아빠는 짧지만 부산을 여행하며 정든 렌터카를 반납한 다음 정수와 서울행 기차에 탔어요.

    달리는 기차 안에서 아빠가 말했어요.

"정수야, 오늘 공부할 것은 '칙칙폭폭'이야."

"아, 지금 우리가 탄 기차 말씀 하시는 거죠?"

"맞아, 이렇게 기차처럼 찻간을 길게 나열한 차량을 열차라고 해. 또 전철은 전기 철도 위를 달리는 기차인 동시에 열차이기도 하지. 대부분 열차와 기차를 같은 뜻으로 쓰지만, 열차가 좀 더 넓은 의미야."

> **찻간**
> 기차나 버스에서 사람이 타는 칸을 말해요.

"아하, 그럼 오늘은 열차와 수학을 공부하는 거죠? 근데 열차와 수학을 생각해 보니 어디서부터 어떻게 시작할지 감이 잘 안 와요."

"당연하지, 감은 오는 것이 아니라 먹는 것이지. 하하하!"

아빠의 농담에 전철의 막차가 끊기듯이 대화는 끊어지고, 주변 공기도 너무 썰렁해졌어요. 이런 분위기를 벗어나기 위해 아빠는 수학책을 펼쳤어요.

평행과 평행선

한 직선에 수직인 두 직선을 그었을 때, 그 두 직선은 서로 만나지 않아요. 이와 같이 서로 만나지 않는 두 직선을 평행하다고 하고, 평행한 두 직선을 평행선이라고 해요.

아빠는 뜬금없이 정수에게 물었어요.

"정수야, 이제 알겠지?"

"……."

"열차 속에 숨어 있는 수학, 이제 뭔지 알겠니?"

"평행과 열차가 관련이 있어요?"

"열차가 달리는 선로를 잘 봐."

창문 밖을 보던 정수의 눈이 반짝 빛났어요.

"아, 알았다! 선로에서 마주 보는 두 직선이 평행해요. 평행선을 이루고 있어요, 아빠!"

아빠는 정수의 머리를 쓰다듬으며 말했어요.

"장하다, 우리 정수! 이렇게 선로가 평행하지 않다면 열차는 달릴 수 없어. 열차는 평행선 위를 달리고 있는 셈이지."

"아빠 말씀대로 정말 기차에도 수학이 있었네요."

이렇게 정수와 아빠는 열차 속에서 수학을 하나 발견했어요.

전철 한 칸에 몇 명이나 앉을 수 있을까?

서울에 도착한 다음, 집까지 가기 위해 또 다른 열차인 전철을 탔어요.

승객들은 전철에서 수학 탐험을 하고 있는 정수와 아빠를 무슨 물건 파는 사람인 듯 쳐다봤어요. 마침내 꼬불꼬불한 파마머리의 아주머니가 아빠에게 말을 걸었어요.

"답답하게 그러지 말고, 아이와 장사하는 모습이 안타까우니 어서 물건을 꺼내 봐요. 내가 한 개 사 줄 테니……."

"……."

아빠는 얼굴이 뻘겋게 되어 정수의 손을 잡고 황급히 발걸음을 뗐어요.

"정수야, 우리 이 칸 말고 다음 칸에서 수학을 찾아보자. 우리는 장사꾼이 아니잖아!"

다음 칸으로 이동하자마자 아빠가 말했어요.

"드디어 발견! 저기 봐, 정수야."

"저건 그냥 긴 의자잖아요! 전철에서 흔히 보이는 의자요."

"마음의 눈, 아니 수학의 눈을 떠 보렴. 배수가 보이지 않니?"

"배수요?"

아빠는 배수에 대해 간략히 설명했어요.

배수
어떤 수를 1배, 2배, 3배, … 한 수를 그 수의 배수라고 해요.

"5를 1배 한 수는 $5 \times 1 = 5$, 5를 2배 한 수는 $5 \times 2 = 10$, 5를 3배 한 수는 $5 \times 3 = 15$가 돼. 즉, 5가 계속 더해지면서 커지는 수가 바로 5의 배수야. 배수가 뭔지 감이 오지?"

"그렇긴 한데… 아빠, 배수랑 저 의자가 무슨 관계가 있어요?"

"하하, 아빠가 너무 성급했구나. 자세히 말해 줄게. 저기 긴 의자에는 7명이 앉을 수 있도록 되어 있지? 그럼 긴 의자들은 각각 7명을 앉힐 수 있으니까 7의 배수와 관계있는 거야. 일반적으로 전철 한 칸에 긴 의자가 6개씩 있어. 즉, 긴 의자에 총 $7+7+7+7+7+7=7×6=42$(명)을 앉힐 수 있다는 뜻이지. 이게 바로 배수가 활용된 것이 아니고 무엇이겠니?"

"와, 대단해요. 아빠, 그럼 저기 3명이 앉을 수 있는 짧은 의자는 전철 한 칸에 4개씩 있으니 3의 배수로 구하면 되겠네요? 짧은 의자에는 모두 $3×4=12$(명)을 앉힐 수 있어요!"

"잘했다. 오늘 수학 탐험 멋진 걸? 그럼 전철 한 칸에 모두 몇 명이 앉을 수 있는지 구해 보자."

7인용 의자 6개   7 × 6 = 42(명)

3인용 의자 4개   3 × 4 = 12(명)

따라서 전철 한 칸에 모두 42 + 12 = 54(명)이 앉을 수 있다.

"아빠, 이렇게 보니까 배수는 곱셈이랑 관계있는 것 같아요."

"맞아, 배수는 곱하기라고도 할 수 있어. 장하다, 우리 아들! 아빠가 정수 용돈 올려 달라고 엄마에게 적극 추천해 볼게."

한 걸음 더

전철 한 칸의 정원

일반적으로 전철 한 칸에는 총 54석의 좌석이 있어요. 또한, 손잡이는 12개짜리가 6줄, 5개짜리가 4줄 있으므로 총 12 × 6 + 5 × 4 = 72 + 20 = 92(개)가 있지요. 각 좌석에 한 명씩 앉고 각 손잡이를 한 명씩 잡으면 전철 한 칸에 54 + 92 = 146(명)이 탈 수 있는 셈이죠. 그래서 한국철도공사에서는 전철 한 칸 정원을 160명으로 계산한답니다.

1. 다음 문장이 맞으면 ○표를, 틀리면 ×표를 하세요.

(1) 서로 만나는 두 직선을 평행하다고 한다. (　　)

(2) 열차가 달리는 선로는 평행선을 이루고 있다. (　　)

2. 다음 중 11의 배수를 모두 찾아보세요.

(힌트 : 11의 배수는 11로 나누어떨어져요.)

43　22　56　77　84

정답 : 1.(1) × (2) ○　2. 22, 77

지하철 노선도와 지도

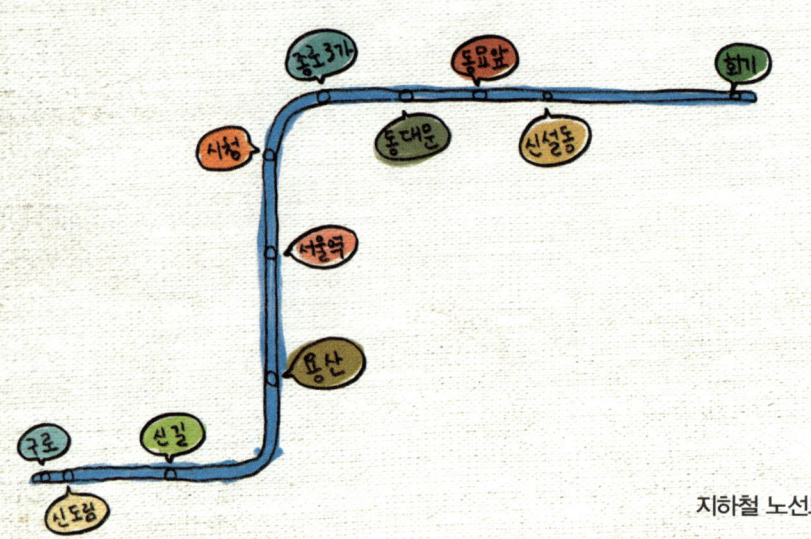

지하철 노선도

전철을 탔을 때 지하철 노선도를 보면서 목적지까지 몇 정거장을 더 가야 하는지 세어 본 적이 있을 거예요. 그러나 노선에 따라 역의 개수와 운행 시간이 완전히 비례하지는 않는다는 걸 느낄 수 있어요. 예를 들어, 1호선에 있는 다섯 구간과 2호선의 다섯 구간을 통과하는 데 걸리는 시간이 서로 다르다는 것이죠. 하지만 우리는 이런 차이점에 그리 큰 신경을 쓰지 않아요. 단지 도착역까지 역 몇 개를 더 지나가야 하는지에만 관심이 있지요. 다시 말해, 역과 역 사이의 길이 구부러져 있든 직선이든 그건 중요하지 않다는 거예요.

이는 간략한 그림만으로도 도착역까지 무사히 가고자 하는 우리의 목적은 달성되기 때문이에요. 지도를 수학적으로 단순화한 결과가 지하철 노선도이기도 해요. 목적지까지 가려는 우리의 단순한 목표와, 단순화 과정을 통

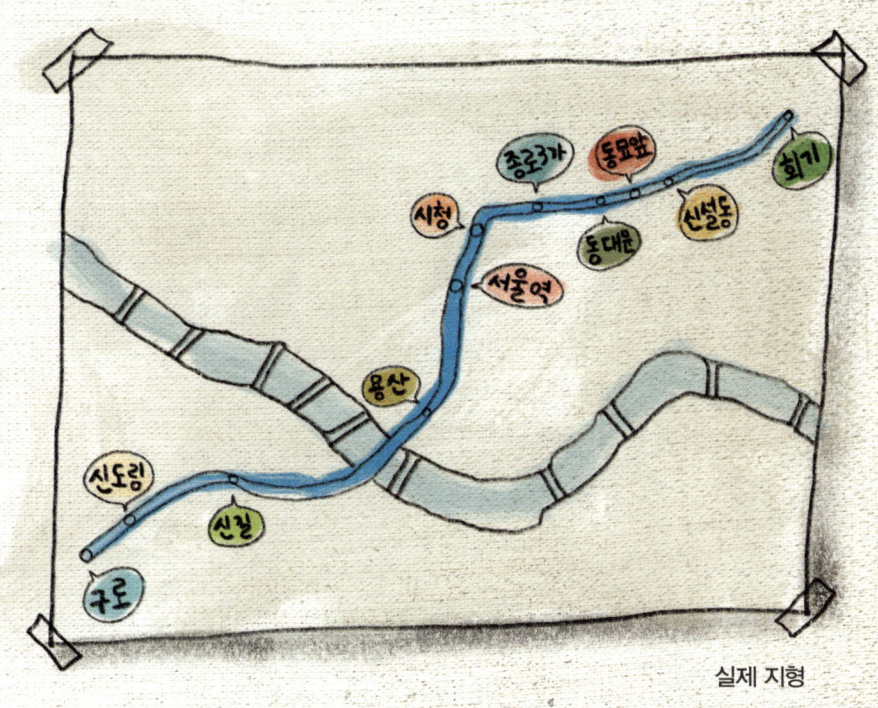

실제 지형

해 답을 이끌어 내는 수학의 성질이 매우 비슷해 보이죠?

실제로 지도를 펼쳐 놓고 지하철 노선도와 비교해 보면 길이 많이 다르다는 것을 알 수 있어요. 1호선에서 구로-회기역 구간을 살펴보세요. 방향과 위치도 그렇고 거리도 각각 다르지요? 하지만 지하철 노선도가 실제 지도와 달라도 우리는 아무런 문제를 느끼지 않아요. 앞에서 말했듯이 지하철 노선도는 현재 위치에서 가고 싶은 곳까지 몇 개의 역을 지나고, 상행과 하행 중 어느 방향으로 가야 하며 어느 역에서 내려야 하는지만 정확히 알면 되기 때문이죠. 이와 같은 이유로 지하철 노선도는 실제 지형과는 다르지만 몇 정거장을 가야 하는지와 특정 역 등을 빠르고 편리하게 살펴볼 수 있도록 그려진 거예요.

비행기 날개에 담긴 비밀

집으로 돌아와 엄마랑 깜짝 생일 잔치를 마친 정수와 아빠는 다시 수학 여행길을 떠났어요. 이번에는 비행기를 타고 제주도로 가면서 아빠가 비행기와 수학을 가르쳐 주신다고 해요.

"와, 아빠! 비행기가 이제 정말 뜨는 거예요?"

"쉿, 소리 지르지 마렴. 비행기 처음 타는 것 너무 티 나겠다."

"처음 맞잖아요. 저 너무 긴장돼요."

아빠와 정수는 비행기 날개가 보이는 좌석에 앉았어요.

"정수야, 그런데 너 왜 비행기 타기 전에 밥을 적게 먹었던 거니? 몸이 안 좋아?"
"아뇨, 몸은 괜찮아요."
"그럼 왜 그래? 안색이 별로인데…. 무슨 걱정이라도 있어?"
"사실은요……."
정수는 아빠의 귀에 대고 속삭였어요.
"하하, 별 쓸데없는 걱정을 다하는구나!"
아빠가 너무 크게 웃었는지 승무원이 다가와서 아빠에게 주의를 주고 갔어요.

머쓱해진 아빠는 정수에게 화풀이를 했어요.

"너 때문에 아빠 혼났잖아. 아무튼 네가 아무리 밥을 많이 먹어도 이 비행기는 뜰 수 있단다."

아빠는 헤벌쭉 웃는 정수에게 비행기가 뜨는 원리를 설명해 주기로 했어요.

"비행기가 아무리 무거워도 뜰 수 있는 원리는 바로 양력이야. 여기에서 양력은 곧 공기의 힘인데, 새들도 공기로부터 자기의 무게가 받쳐져서 날 수 있는 거야. 마찬가지로 비행기도 공기의 힘 덕분에 수십 톤(t)이나 되는 무게가 받쳐져서 하늘 높이 비행하는 거지. 이렇게 공기의 힘은 어떻게 이용하느냐에 따라 그 힘이 상당히 세져."

양력

흐름이 있는 물체가 수직 방향으로 받는 힘이에요. 이 힘은 높은 압력에서 낮은 압력 쪽으로 생겨요. 비행기의 날개가 이 힘을 이용해서 비행기를 하늘에 띄우는 거예요.

t(톤)

t(톤)은 kg(킬로그램)보다 큰 무게 단위예요.
1t = 1000kg이지요.
비행기처럼 무거운 물건의 무게를 나타낼 때 쓰여요.

"'음력, 양력' 할 때 그 양력이 아니네요! 자세히는 몰라도 양력의 힘이 대단한 것 같기는 한데…, 평소에는 종이 한 장도 띄우지 못하는 공기의 힘을 어떻게 이용하는 거예요?"

아빠는 양력 발생의 비밀을 조곤조곤 얘기했어요.

"비행기 날개의 단면에 그 비밀이 있단다."

"단면이요?"

"그래, 수학에서 말하는 단면 말이야."

한 걸음 더

원기둥의 단면

단면이란 입체도형을 잘라 낸 면을 말해요. 원기둥을 세 방향에서 잘랐을 때의 단면은 다음과 같아요.

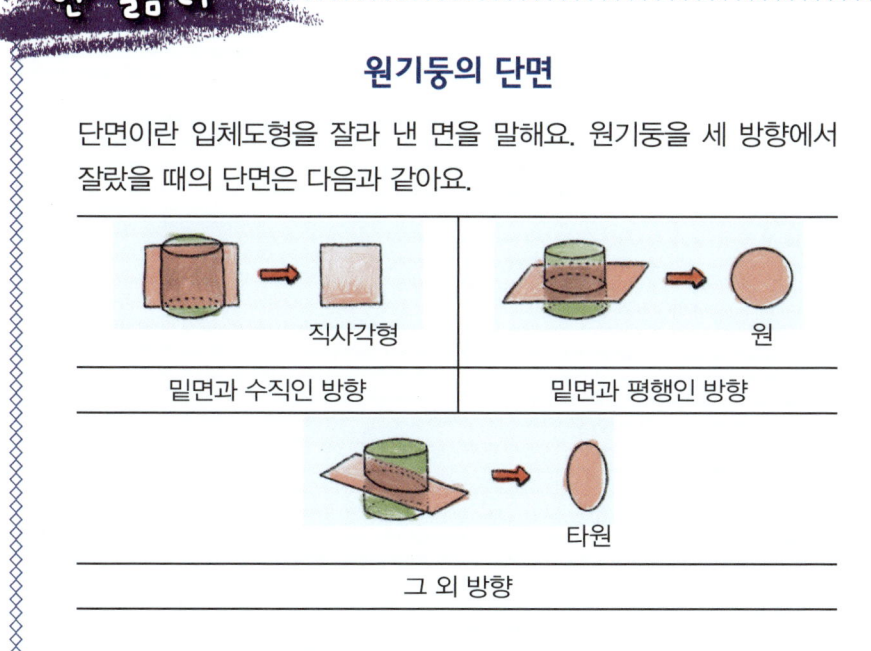

직사각형	원
밑면과 수직인 방향	밑면과 평행인 방향
타원	
그 외 방향	

아빠는 태블릿 PC를 꺼내 비행기 날개의 단면 모형 사진도 보여 줬어요.

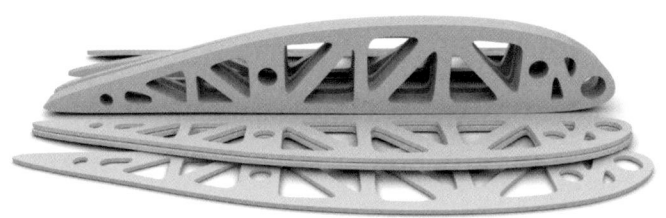

"아빠, 날개 윗면은 볼록하고 아랫면은 평평하네요?"

"바로 그거야! 여기에 양력을 만드는 비밀이 숨어 있어. 날개의 윗면이든 아랫면이든 공기는 원래 균일하게 있거든. 이런 균일한 상태에 날개 위쪽과 아래쪽의 차이를 주기 위한 것이 바로 비행기 날개의 단면이야."

아빠의 설명은 계속 이어졌어요.

"날개가 공기 속을 지날 때 볼록한 윗면의 공기 간격은 넓어지고, 상대적으로 평평한 아랫면의 공기는 촘촘해져. 그래서 날개의 위아래 압력 차가 생기면서 날개를 밀어 올리는 힘이 발생하지. 이 힘, 즉 양력 덕분에 비행기가 떠오르는 거야."

 "위아래 압력 차처럼 수학에서도 간격의 차이를 표현할 수 있단다."

 갑작스런 수학이란 단어에 정수는 놀라며 물었어요.

 "또 수학이 등장하나요?"

 "그럼! 수학은 과학을 이해하는 언어라는 말도 있잖아."

 아빠는 종이 위에 수직선을 그렸어요.

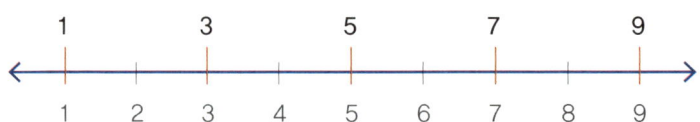

"아래에 있는 자연수는 9개지만 위쪽에 있는 홀수는 5개지?"

"네, 그리고 이 수직선 안에 있는 짝수는 4개예요."

"맞아. 수들도 이렇게 간격 차이가 생긴단다. 마무리하자면 자연수는 홀수와 짝수로 이루어져 있다는 것!"

"와, 신기해요!"

이때, 승무원이 아빠를 쳐다봤어요. 아빠는 수학 설명을 할 때면 목소리가 커지거든요. 좀 더 조용히 말해야겠어요.

> **짝수와 홀수**
>
> 짝수는 2, 4, 6과 같이 둘씩 짝 지을 수 있는 수이고, 홀수는 1, 3, 5처럼 둘씩 짝 지을 수 없는 수를 말해요.

둥근 길을 지나는 비행기의 최단 거리

드디어 비행기가 떴어요.

"정수야, 지구는 멀리서 보면 둥글지?"

"당연하죠!"

"맞아. 자동차나 열차와는 달리 비행기는 이렇게 둥근 지구 위를 지나야 해."

정수는 아빠가 그린 지구가 못생겼다고 말하고 싶었지만 참기로 했어요.

"때문에 비행기가 지나는 길은 도형의 성질과 맞지 않을 때가 있어."

"그게 무슨 말씀이세요?"

"자, 이걸 잘 보렴."

아빠가 다시 그림을 그렸어요.

"ㄱ에서 ㄴ까지 가는 데 ①번과 ②번 중 어느 길이 더 빠르겠니?"

"당연히 ①번이죠!"

"맞아, ①번이 두 지점을 잇는 직선이니까 가장 빠른 길이지. 하지만 비행기의 길에서는 이런 성질이 통하지 않아."

"엥, 왜요?"

"비행기가 지구 표면을 뚫을 수는 없기 때문이야. 따라서 비행기가 날 때에는 지구 표면 위를 일정하게 유지하며 날아가는 것이 곧 최단 거리가 돼. 보통 평지에서는 직선 거리가 가장 빠른 길이지만, 지구 위를 날아야 하는 비행기의 길은 직선이 최단 거리가 될 수 없는 것이지."

"아, 정말 그렇네요!"

"실제로 로마에서 도쿄로 가는 경우, 평평한 세계 지도에서 보면 왜 모스크바를 거쳐서 굳이 돌아가는지 이해가 안 되겠지만 지구본으로 보면 진짜 최단 거리는 모스크바를 경유해서 가는 경로임을 알 수 있어."

아빠는 다시 한 번 정리해서 말했어요.

"지구, 즉 비행기가 지나는 길은 지구와의 높이를 조정하면서 구면을 따라 움직이는 것이 가장 효율적이고 빠른 항공로가 되는 거야."

정수는 학교에서 배웠던 내용과 다른 아빠의 설명이 조금 어렵기도 했지만 새로운 사실을 알게 돼 무척 흥미로웠어요.

"아빠, 비행기는 자동차랑 전철과는 정말 다르네요. 앞으로도 비행기에 대해 더 알고 싶어요. 그러니까 우리 비행기도 자주 타요, 네?"

"아, 그건… 아빠가 노력해 볼게."

아빠는 대화를 급하게 마무리하며 정수와 함께 비행기 창문 너머 구름을 바라봤어요.

구면삼각형

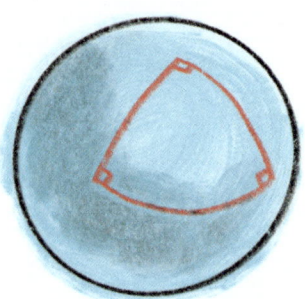

구면, 즉 공의 겉면에 있는 세 개의 점을 이어 만든 삼각형을 구면삼각형이라고 해요. 우리는 삼각형의 세 각의 크기의 합을 180도로 알고 있어요. 그러나 동그란 물체에서 이 성질은 통하지 않아요. 평면에서의 최단 거리는 직선이지만 구면에서의 최단 거리는 원의 일부, 즉 곡선이기 때문이에요. 따라서 구면삼각형의 세 내각의 크기의 합은 180도보다 크답니다. 예를 들어, 위 그림에서 구면삼각형의 세 내각의 크기의 합은 90°×3=270°(도)나 돼요.

1. 다음 원기둥을 자른 단면을 빈 곳에 알맞게 그려 보세요.

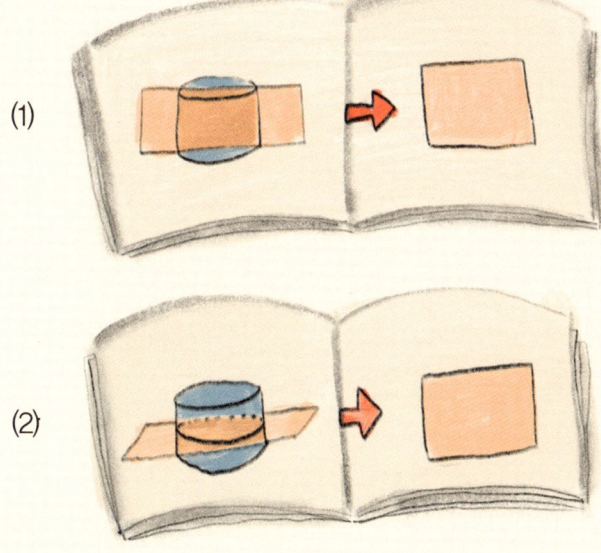

(1)

(2)

2. 빈 곳에 알맞은 말을 써넣어 보세요.

평면에서 두 점을 잇는 최단 거리는 (　　　　)이다.

정답 : 1. (1) 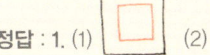 (2) 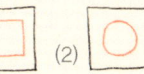 2. 직선

수학 읽기

지구의 크기

에라토스테네스는 고대 그리스의 수학자예요. 이집트 알렉산드리아의 도서관장이었던 에라토스테네스는 지구의 크기를 재고 싶었어요. 어느 날, 그는 나일 강가에 있는 시에네 마을에서 하짓날 정오가 되면 햇빛이 깊은 우물 속까지 비친다는 사실을 도서관 문헌에서 발견했어요. 이는 하짓날 정오에 시에네 마을에 서 있으면 햇볕이 머리 위에 수직으로 내리쬔다는 것을 의미했지요. 즉, 시에네 마을에서 하짓날 정오에 막대기를 수직으로 세우면 그림자가 생기지 않는다는 것을 알아낸 거예요. 햇빛이 정중앙으로 위에서 내리쬐면 그림자는 그 물체에 가려지기 때문이에요. 지금으로서는 당연해 보이지만 그 당시만 해도 매우 놀라운 발견이었어요.

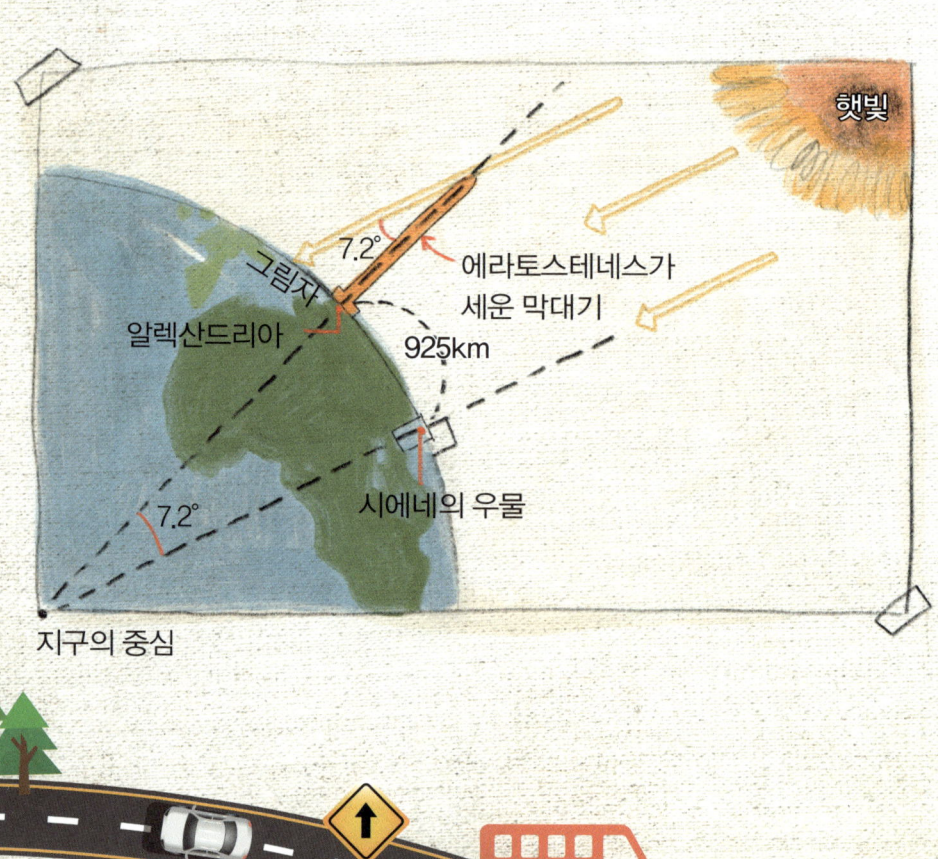

그는 하짓날 정오에 시에네 마을로부터 5,000스타디아(약 925km)만큼 떨어진 알렉산드리아에 막대기를 수직으로 세웠어요. 그림자의 길이를 잰 후 막대기의 그림자 끝과 막대기가 이루는 각을 측정하여 그 각도가 약 7.2°임을 알아냈지요. 이를 통해 에라토스테네스는 지구의 둘레를 다음과 같이 구했어요.

$$7.2° : 360° = (5000스타디아) : (지구의 둘레)$$

이러한 식을 비례식이라고 해요. 비례식의 성질을 이용하여 간단한 계산 과정을 거치면 지구의 둘레는 약 350,000스타디아(약 46,250km)가 나온답니다. 오늘날 첨단 기계로 정확하게 측정한 지구의 둘레는 약 40,000km예요. 다소 오차가 나긴 하지만 막대기 하나와 관찰력만으로 지구의 둘레를 직접 구했다는 것은 대단한 업적이지요.

멀미약이 원 모양인 이유는?

제주도에 도착한 정수와 아빠는 한라산을 등반한 다음 근처 숙소에서 하룻밤을 묵었어요. 다음 날 아침, 정수는 아빠와 함께 제주항으로 갔어요. 배를 타고 다음 목적지인 인천으로 갈 거거든요. 인천에서 버스를 타고 서울로 가면 드디어 엄마도 다시 만날 수 있어요.

"아빠, 이게 뭐예요?"

아빠는 정수의 귀 뒤에 멀미약을 붙였어요.

"배는 다른 교통수단과는 달리 멀미를 심하게 할 수도 있단다."

"근데 방금 붙여 주신 패치가 동그랗게 생겼네요."

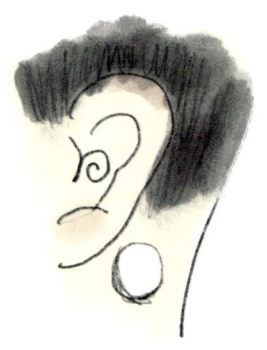

"우리 정수가 예리한 걸! 사실 이 패치에는 놀라운 수학의 비밀이 숨어 있어."

"에이, 이건 그냥 멀미약이잖아요. 무슨 수학의 비밀 같은 게 있겠어요?"

"수학은 우리도 모르는 사이에 생활 곳곳에서 쓰이고 있단다."

"그럼 이 멀미약에 무슨 수학이 있는지 가르쳐 주세요!"

아빠는 원의 성질부터 알아야 한다며 원에 대한 설명을 시작했어요.

"원이란 원의 중심으로부터 일정한 거리에 있는 점들의 모임이야. 즉, 원의 중심과 원 위의 한 점을 곧은 선으로 이어서 생기는 선분은 그 길이가 모두 같아. 이 선분을 원의 반지름이라고 해."

"반지름, 3학년 때 배웠어요!"

정수는 아는 단어가 나오자 기쁜 마음에 큰 소리로 말했어요.

"쉿, 큰 소리 내면 안 돼! 아차차, 여기는 비행기가 아니지…. 하하, 이제 귀 뒤에 붙이는 멀미약이 원 모양인 이유를 수학적으로 보여 줄게."

아빠는 종이에 다음과 같이 사각형 2개와 원 1개를 그렸어요.

"정수야, 이제 생각해 보렴. 사각형, 원을 각각 바깥쪽으로 늘린다고 생각하면, 어떤 도형이 주변으로 골고루 잘 퍼져 나가겠니? 연못에 돌을 던졌을 때 물결이 퍼져 나가는 모습을 생각해 봐."

"원이요!"

"맞아, 사실 원은 인간이 제일 먼저 발견한 도형이야. 원시 시대부터 인간은 해와 달을 보면서 원의 중요성을 깨달았지. 원은 실제로 일상생활에서 가장 유용한 도형이라고도 할 수 있어."

"그럼 멀미약 말고 원이 활용된 것을 알려 주세요!"

"맨홀 뚜껑이 대표적인 예야."

아빠는 계속해서 맨홀 뚜껑의 모양이 대부분 원인 이유를 설명했어요.

맨홀

땅속에 묻은 수도관이나 하수관 등을 검사하기 위해 사람이 드나들 수 있게 만든 구멍이에요.

맨홀 뚜껑

"맨홀 뚜껑이 둥근 이유는 뚜껑이 구멍 속으로 빠지지 않게 하기 위해서야. 원은 어느 방향에서 재어도 중심을 지나는 폭이 일정하기 때문에 구멍과 뚜껑을 모두 원 모양으로 만들면 맨홀 뚜껑이 구멍으로 절대 빠지지 않거든. 만약 맨홀 뚜껑을 삼각형이나 사각형 모양으로 만들어서 뚜껑을 자칫 잘못 닫는다면 이렇게 구멍 속으로 뚜껑이 빠지고 말겠지?"

아빠의 설명이 끝나자 정수는 감탄했어요.

"아, 저는 앞으로 원을 좋아할래요. 아무리 봐도 원이 제일 멋진 것 같아요!"

정수는 구명 튜브를 가리키며 해맑게 말했어요.

"하하, 정수는 역시 못 말려."

약수를 이용하여 구명벌의 개수를 구하자

정수와 아빠는 바닷바람을 쐬고 싶어서 구명조끼를 입고 갑판으로 나왔어요. 그때, 배의 뒷부분에 있는 흰색 보트 같은 것이 정수의 눈에 띄었어요.

"아빠, 저 흰색 배는 뭐예요?"

"저건 구명벌이야. 비상시에 구명정을 대신해서 사용하는 배인데, 여객선은 반드시 모든 승객과 선원을 태울 수 있도록 충분한 구명정 또는 구명벌을 설비하고 있어야 해."

구명벌(구명 뗏목)

아빠는 이어서 말했어요.

"정수야, 배에서 탈출을 해야 할 경우 수학이 꼭 필요하단다."

"왜요?"

구명벌

구명정 대신 사용하는 것으로 구명 뗏목이라고도 해요. 국내 여객선에는 대부분 구명정 대신 구명벌이 있어요.

"구명벌의 개수를 구하는 상황에서 약수 개념이 들어가. 여기서 문제! 100명이 모두 탈출하려면 20인용 구명벌은 최소 몇 대가 필요할까?"

> **약수**
> 어떤 수를 나누어떨어지게 하는 수예요.
> 100÷20=5에서 20은 100의 약수가 되지요.

"아빠, 배수는 저번에 말씀해 주셔서 알지만 약수는 너무 어려워요."

정수는 약간 토라진 듯 말했어요.

"미안, 미안. 어렵게 생각할 것 없어. 배수는 곧 곱하기라고 했지? 마찬가지로 약수는 곧 나누기야. 정수도 충분히 풀 수 있어."

정수는 아빠의 말에 용기를 얻어 문제를 풀기 시작했어요.

$$100명 \div 20인용 = 5(대)$$

"정답! 구명벌은 총 5대가 필요해요."

"역시 우리 아들이야!"

배 위에서도 값진 수학을 찾은 정수는 갑판 위에서 아빠와 함께 달콤한 휴식을 즐겼어요.

1. 다음 빈 곳에 알맞은 말을 써넣어 보세요.

   원의 중심과 원 위의 한 점을 이은 선분을 원의 (　　　　)

   이라고 해요.

2. 20명이 탄 배에 5인용 구명정은 최소 몇 대가 필요한가요?

   다음 식을 완성하여 답을 구해 보세요.

$$20 \div \boxed{} = \boxed{}$$

(　　　　)대

정답 : 1. 반지름   2. 5, 4, 4

수학 읽기

데카르트와 좌표

데카르트는 프랑스의 철학자이자 물리학자, 수학자예요. 그는 위대한 업적을 많이 남겼지만 늦잠을 자는 버릇이 있었어요. 그러나 이렇게 늦게까지 침대에 누워 있는 습관 덕분에 그는 사색을 많이 했고, 이 생각들이 뒷날 그의 사상에 큰 영향을 미쳤지요.

전쟁 중 막사에서 잠시 쉬던 데카르트는 천장에 파리가 붙어 있는 것을 보고 그 위치를 정확하게 나타내기 위해 좌표라는 것을 발명했대요. 그는 우선 천장에 서로 수직으로 만나는 두 직선을 그렸고, 이 두 직선을 각각 가로축, 세로축이라고 불렀어요. 파리의 위치는 가로축과 세로축의 값으로 표시할 수 있었죠. 이렇게 만들어진 데카르트의 좌표는 일상생활에서 너무도 많이 사용돼요.

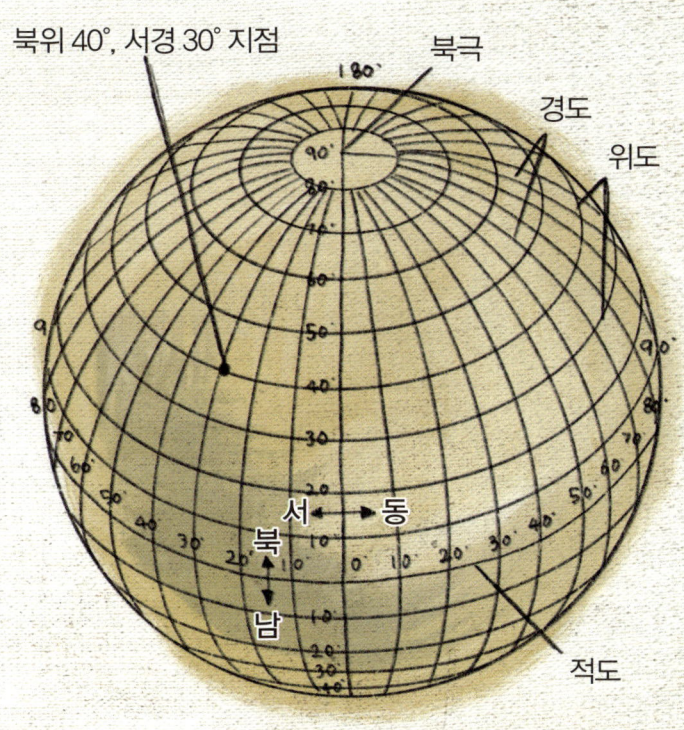

실제로 지도에서 특정 위치를 나타낼 때 좌표를 써요. 지구를 가로선, 세로선으로 나누었을 때, 이 가로선과 세로선을 각각 위도, 경도라고 해요. 위도와 경도로 좌표를 나타내서 자신의 위치를 나타낼 수도 있는데, 최근에는 이런 좌표에 GPS 기술이 도입되어 비행기, 배 등도 안전하고 정확하게 운전할 수 있게 됐어요.

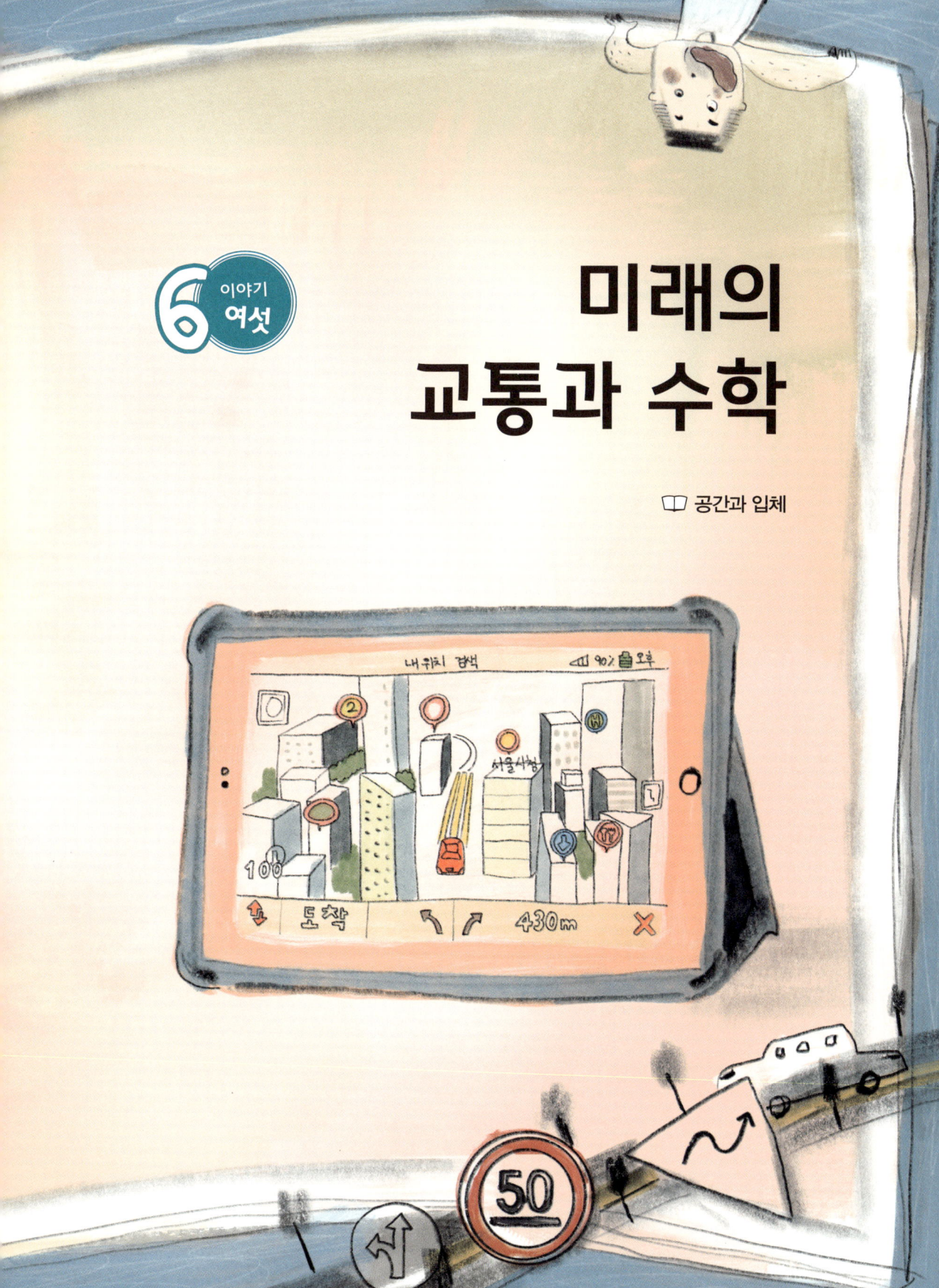

공간을 오가는 교통수단

정수가 탄 여객선이 인천항에 무사히 도착했어요. 늦은 시각이지만 아빠와 정수는 서울로 가는 버스를 타기로 했어요.

정수와 아빠는 며칠 동안의 여행으로 피곤함이 몰려왔지만 버스 안에서 이번 여행을 정리하는 시간을 가졌어요.

"정수야, 우리의 수학 여행도 이제 끝나 가는구나. 마지막으로 미래의 교통수단에 대해 얘기해 줄게."

"미래의 교통수단이요?"

"그래, 미래의 교통수단과 그 속에 담긴 수학을 알아볼 거야."

아빠는 소곤소곤 말하며 태블릿 PC를 꺼냈어요. 버스는 조용히 달리고 있었거든요.

"첫 번째로 알아볼 것은 바로 이거야."

그러고 나서 아빠는 태블릿 PC에 무엇인가를 입력했어요.

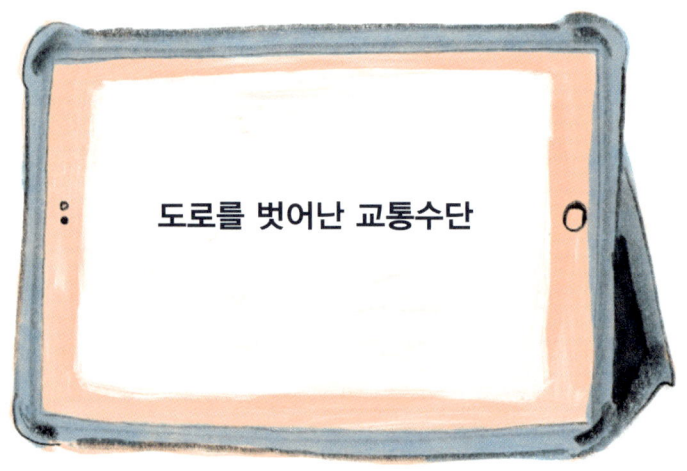

"현재의 교통수단은 비행기 빼고 모두 평면 위를 움직여."

"맞아요, 배도 바다 위를 다닐 뿐이었어요."

"미래에는 비행기처럼 공간을 오가는 교통수단들이 발달할 거야."

아빠는 버스 창문 밖 하늘을 가리키며 계속해서 설명했어요.

"그렇게 되면 교통수단은 도로를 벗어나게 될 거고, 차가 많이 막히는 문제도 많이 해결되겠지?"

"그럼 정말 하늘을 나는 자동차 같은 게 나오는 거예요?"

"아직 먼 미래의 일 같니? 실제로 비행 자동차, 일명 플라잉카는 지금 거의 완성 단계에 와 있대. 바퀴가 3개 달린 자동차와 드론을 결합한 어떤 비행 자동차는 2020년까지 완성할 예정이라는구나."

아빠는 비행 자동차 사진을 찾아 정수에게 보여 줬어요.

플라잉카

플라잉 제트 수트

"아빠 그럼 하늘을 날아다니는 킥보드도 나왔으면 좋겠어요!"

"실제로 나와 있어. 바로 '플라잉 제트 수트'라는 거야."

"와, 아이언맨이 입는 거네요? 저 이거 사 주세요, 아빠. 정말 갖고 싶어요!"

정수는 눈이 휘둥그레지며 아빠에게 제트 수트를 사 달라며 졸랐어요.

"아, 안 돼. 이거 우리 집값보다 비싸. 언젠가 이 수트가 일상적으로 쓰일 날이 올 거야. 그때까지 기다리렴, 정수야."

정수는 뾰로통했지만 너무 비싸다는 말에 지금 갖고 있는 킥보드에 만족하기로 했어요.

"정수야, 킥보드와 플라잉 제트 수트는 수학적으로 어떻게 다를까?"

"음, 킥보드는 평면에서 움직이고, 플라잉 제트 수트는 공간에서 움직여요."

"잘했어! 더 단순하게 말하면 킥보드는 평면도형 위를 움직이고, 플라잉 제트 수트는 입체도형을 돌아다닌다고 할 수 있지."

한 걸음 더

평면도형과 입체도형

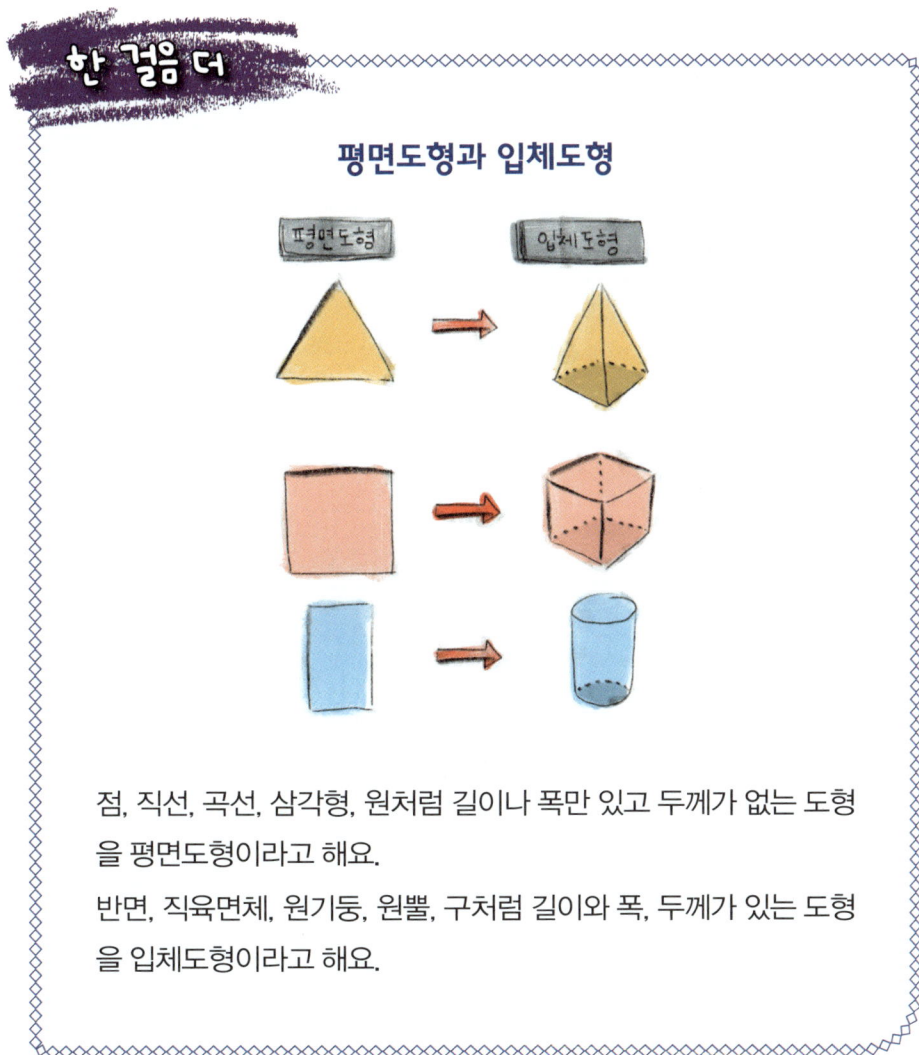

점, 직선, 곡선, 삼각형, 원처럼 길이나 폭만 있고 두께가 없는 도형을 평면도형이라고 해요.

반면, 직육면체, 원기둥, 원뿔, 구처럼 길이와 폭, 두께가 있는 도형을 입체도형이라고 해요.

미래에는 3차원 내비게이션!

아빠가 말해 주는 미래의 교통수단들이 신기해서 정수의 눈은 반짝반짝 빛났어요.

"플라잉카가 도로 위를 달리는 자동차를 대신하게 되면 바뀌게 될 것이 있어."

"궁금해요. 얼른 알려 주세요, 아빠!"

"그래, 그래. 바로 내비게이션이야."

아빠는 태블릿 PC에서 내비게이션 애플리케이션을 켰어요.

"대부분의 내비게이션은 지금 자동차들이 다니는 길에 맞게 2차원 화면으로 되어 있어. 하지만 플라잉카는 공간을 날아다니기 때문에 플라잉카 시대가 오면 내비게이션도 반드시 3차원 화면으로 바뀌어야 해. 아빠가 3차원 내비게이션을 틀어 볼게."

태블릿 PC의 내비게이션 속 2차원 화면이 3차원 화면으로 바뀌었어요.

정수가 생각해 봐도 차가 날아다니는 시대에는 반드시 3차원 화면이 필요할 것 같아 보였어요.

"이제 정수가 좋아하는 수학 시간! 2차원 화면과 3차원 화면이 비교되는 수학에서의 좌표를 보여 줄게."

"휴, 다행이다. 문제 푸는 게 아니네요."

"하하, 아빠가 이제 보여 주는 좌표들은 중학생, 고등학생 때 배우는 거야. 내비게이션의 화면 원리와 같다는 의미에서 그림만 보여 주는 거니까 둘의 차이만 가볍게 봐 보렴."

아빠는 종이에 다음과 같은 두 그림을 그렸어요.

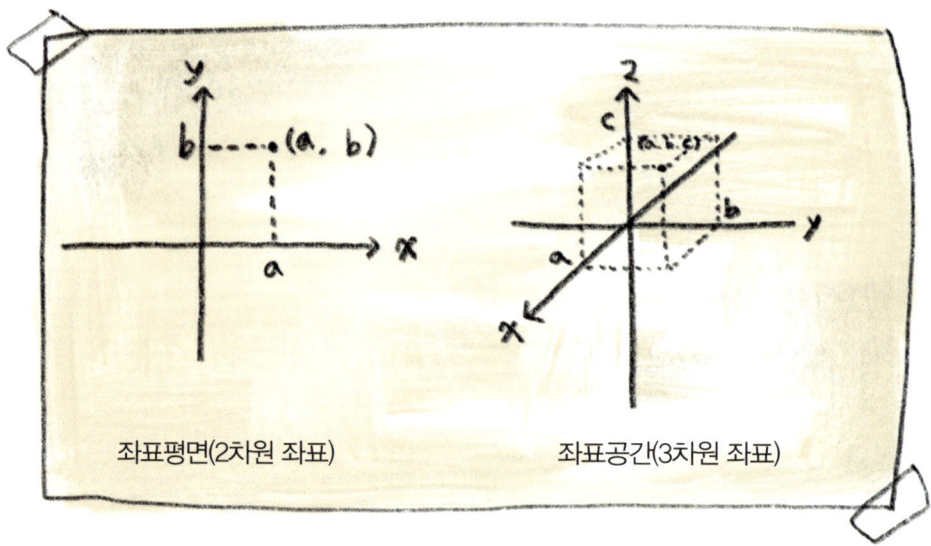

좌표평면(2차원 좌표)   좌표공간(3차원 좌표)

좌표평면과 좌표공간

x축(가로), y축(세로)으로 이루어진 좌표평면은 평면을 나타내는 좌표예요. 마찬가지로 x축(가로), y축(세로), z축(높이)으로 이루어진 좌표공간은 공간을 나타내는 좌표지요.

"이런 원리로 내비게이션에서 화면을 3차원으로 표현할 수 있는 것이란다."

아빠는 좌표평면과 좌표공간 그림을 보여 주며 말했어요.

"조금 어렵지만 그림으로 보니까 알 것도 같아요. 아빠, 그런데 이제 머리가 지끈거려요."

"하하, 조금 어려웠지? 이제 우리 수학 탐험은 여기까지 하도록 하자."

아빠의 설명이 끝나자 정수는 피곤한지 금세 잠이 들었어요.

마침내 버스가 서울에 도착했고, 아빠는 곯아떨어진 정수를 안고 버스에서 내렸어요.

"녀석, 많이 피곤했구나."

"여보!"

마침 버스 정류장에서 엄마가 기다리고 있었어요. 엄마는 정수의 얼굴을 살포시 어루만졌지요.

엄마와 아빠는 손을 잡고 집으로 향했어요. 정수는 아빠 등에서 포근히 잠들어 있었어요. 이렇게 교통과 수학으로 알찼던 아빠와 정수의 수학 여행은 끝이 났답니다.

1. 다음 좌표평면에 점 (2, 1)을 점으로 찍어 보세요.

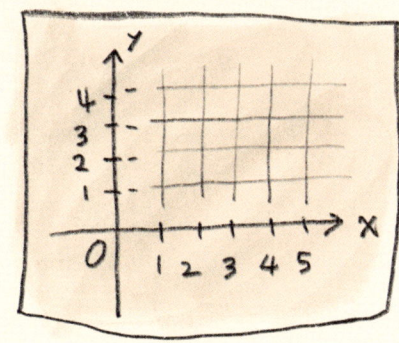

2. 다음 좌표공간에 있는 점 P의 좌표를 P(x, y, z) 꼴로 나타내 보세요.

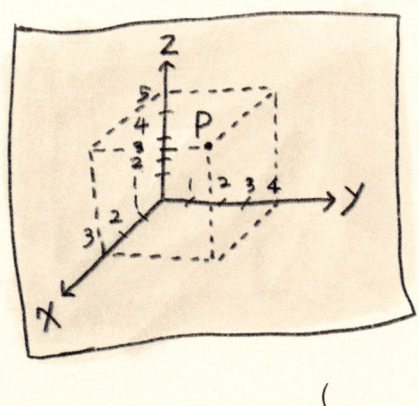

(   )

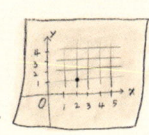

정답 : 1.   2. P(3, 4, 5)

수학 읽기

3D 애니메이션과 수학

컴퓨터 그래픽스로 만드는 애니메이션을 'CG 애니메이션'이라고 하는데, 오늘날 애니메이션은 대부분 이렇게 만들어져요. CG 애니메이션은 '3D 애니메이션'이라고도 부르지요.

우선 캐릭터와 배경을 제작한 다음, 캐릭터의 관절을 프레임마다 움직여서 애니메이션을 만들어요. 그리고 후 보정 작업을 통해 각종 효과를 부여하지요. 실물에서의 합성과는 달리 모든 장면을 컴퓨터를 활용해서 만든다는 점이 3D 애니메이션의 가장 큰 특징이라고 할 수 있어요.

3D 애니메이션은 모든 장면을 일일이 다 그려야 하는 기존 애니메이션과도 좀 달라요. 3D 작업이 들어간 애니메이션은 기존보다 더욱 부드러운 움직임을 보여 줄 수 있으며, 카메라 구도를 조정하는 역동적인 연출을 더욱 쉽게 활용할 수 있어요.

3D 애니메이션 작업은 날이 갈수록 기술이 발전해서 지금은 거의 실사 영화처럼 보이도록 만들 수 있어요. 보통 상영 시간이 1시간을 넘는 영화를 만들기 위해서는 고성능의 슈퍼컴퓨터를 이용한 수학 연산이 필요해요. 그런데 이 연산을 하기 위해서는 긴 시간과 자본이 있어야 하지요. 대표적인 예로, 디즈니 애니메이션 『겨울왕국』에서 엘사가 얼음성을 만들 때 발코니로 걸어 나오는 장면은 218프레임의 그림으로 이루어져 있어요. 이 중 1프레임을 만드는 데 132시간이나 걸렸다는 얘기가 있어요. 이때 1프레임은 24분의 1초, 약 0.04초의 아주 짧은 순간이에요! 3D 소프트웨어의 특성상 얼음과 같은 재질은 통과하는 빛이 많아서 이를 일일이 계산해 그려야 한대요. 이런 멋진 기술과 노력 덕분에 애니메이션 속 아름다운 영상을 볼 수 있는 것이랍니다.